国 家 地 理
阅读与写作训练丛书

跨越时间和文化的贸易

TRADE ACROSS TIME AND CULTURES

[美] Susan Marlow 著

李晓炜 译

著作权合同登记　　图字：01-2005-3648

图书在版编目（CIP）数据

跨越时间和文化的贸易/（美）马洛（Marlow, S.）著；李晓炜 译.—北京：北京大学出版社，2005.7
（国家地理阅读与写作训练丛书·中文翻译版）
ISBN 7-301-08545-1

Ⅰ.跨…　Ⅱ.①马…②李…　Ⅲ.①阅读教学－中小学－教学参考资料 ②写作－中小学－教学参考资料
Ⅳ.G624.313

中国版本图书馆CIP数据核字（2005）第065310号

Copyright © (2004) National Geographic Society/Macmillan Education Australia. All rights reserved.
Copyright © (2005) (in simplified Chinese) National Geographic Society. All rights reserved.

图片来源 (Photo Credits)

Cover: © Getty Image.

© Artville: page 75 (first from left, third from left), 76 (bottom right); © Corbis: page 5 (top), 6, 9, 10, 11, 12, 13, 14, 15, 17, 18, 20, 22 (top, bottom), 23, 24, 27, 28, 29, 30, 32, 33, 34, 35, 36, 38, 39, 40, 42, 44, 45, 46, 47, 48, 49 (left, right), 50, 52, 60 (center), 61 (right), 62 (bottom), 63, 64 (top), 69 (top right), 70 (top), 71, 72, 75 (second from left, forth from left), 76 (bottom left), 78, 79, 80, 81 (top, bottom), 82, 85; © Getty Image: page 41, 59; © Macmillan New Zealand: page 4, 5 (bottom left), 16, 62 (top), 66 (center, bottom), 67 (bottom), 68 (bottom middle, bottom right), 69 (bottom right), 76 (top right); © Neanderthal Cave Dwellers (488): page 77; Image Addict: page 65 (left), 68 (bottom left, center right), 69 (bottom left), 70 (bottom); Photodisc: page 5 (bottom right); Photolibrary.com: page 65 (right), 66 (top); © ONF:page 21, 25, 26; © Panorama Stock: page 8, 73; Photodisc: page 1, 60 (bottom), 61 (left), 67 (hot dog), 74; © Bibliotheque nationale de France: page 37; © Stock Image Group: page 64 (bottom).

国家地理阅读与写作训练丛书（中文翻译版）由美国北极星传媒有限公司授权，并与君红阅读（北京）出版咨询有限公司共同策划。

书　　　　名：	跨越时间和文化的贸易
著作责任者：	［美］Susan Marlow 著　李晓炜 译
责 任 编 辑：	徐万丽　孔燕君
标 准 书 号：	ISBN 7-301-08545-1/G·1398
出 版 发 行：	北京大学出版社
地　　　址：	北京市海淀区中关村北京大学校内　100871
网　　　址：	http://cbs.pku.edu.cn
电　　　话：	邮购部 62752015　发行部 62750672　编辑部 62765014
电 子 信 箱：	zbing@pup.pku.edu.cn
设 计 制 作：	君红阅读
印　　刷　者：	北京大学印刷厂
经　　销　者：	新华书店
	787 毫米×1092 毫米　16 开本　5.5 印张　100 千字
	2005 年 7 月第 1 版　2005 年 7 月第 1 次印刷
定　　　价：	20.00元

未经许可，不得以任何方式复制或抄袭本书之部分或全部内容。

版权所有，翻版必究

目 录

💡 跨越时间和文化的贸易 4

丝绸贸易 6
香料贸易 18
食盐贸易 30
毛皮贸易 42

💡 思考关键概念 53

读图时段
自然地图 54

体裁频道
专题文章 58

这竟然不是丝绸！ 59
给生活添加一些调料 65
请把盐递给我，谢谢！ 71
穿着毛皮 77

💡 应用关键概念 83

研究与写作
动手写专题文章 84

分享你的作品
展示你的专题文章 86

索引 87

跨越时间和文化的贸易

早期探险者经常为寻找新市场踏上漫长而又危险的旅程。这些探险者开启了贸易路线，同时，他们还是思想和文明的传播者。当他们返航时，不仅带回了新的商品，而且还带回了当地人的传奇故事。丝绸、香料、食盐和毛皮这些物品在探险家们的交易中具有跨越时间和文化的重要意义。

关键概念

1. 古代探险带来了商品贸易和文化交流。
2. 探险者探索新的大陆，寻找新的贸易机会和财富。
3. 当文化交融时，人们的生活方式也会发生变化。

四种贸易物品

丝绸

丝绸因其美丽、柔顺的品质而广受欢迎。

香料

芥菜子等香料因其浓烈的香味而著称。

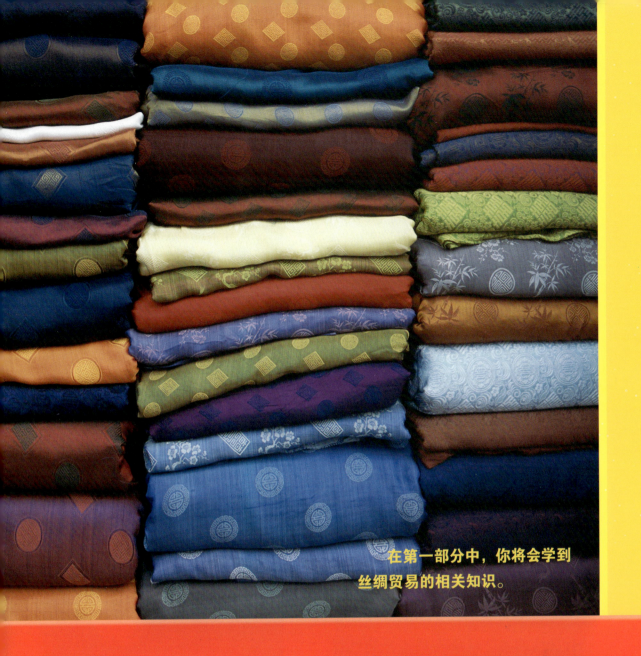

在第一部分中,你将会学到丝绸贸易的相关知识。

食盐

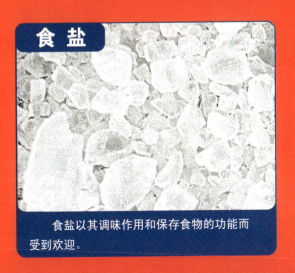

食盐以其调味作用和保存食物的功能而受到欢迎。

毛皮

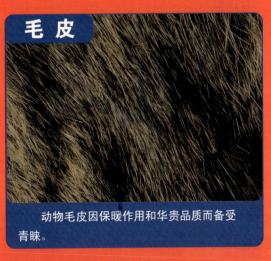

动物毛皮因保暖作用和华贵品质而备受青睐。

丝绸贸易

你见过用丝绸做的衣服吗？丝绸是一种美丽且富有韧性的衣料，它是由丝线织成的。早在几千年前，中国人就开始制造丝绸了，当其他国家的人们对丝绸有所了解后，他们就希望通过贸易来换取这种商品。于是，丝绸身价倍增，成为一种贵重物品。

丝绸是如何制成的

丝绸来自于蚕丝。蚕能从身体中吐出晶莹的丝，并用这些丝结成蚕茧。人们先从蚕茧上抽取蚕丝，然后再将细丝捻在一起制成一根根有韧性的线。丝绸布料正是用这样的丝线编织而成的。

为了抽取蚕丝，应先将蚕茧放在水中浸泡。

丝绸之路

"丝绸之路"是一条贸易路线,这条路线从中国一直延伸到欧洲。在丝绸之路上,人们交易各种货物。他们买卖丝绸和毛纺织品,同时,也交易黄金和宝石。这条路线之所以用丝绸来命名,是因为它是这些贸易物品中最为重要的一种。

请看下面的地图,它显示了公元1世纪的丝绸之路,这是一条长达8 000多千米的贸易路线。

关键概念 1 古代探险带来了商品贸易和文化交流。

中国人的探险

中国人的探险开辟了丝绸之路。公元前2世纪,汉武帝派遣张骞出使西域。十余年后,他们回到汉朝,带回了大量前所未见的商品,并向人们讲述了很多关于印度、波斯等新奇地区的情况。

 交换
为获取某些物品而给予对方一些东西作为回报的行为。

汉朝统治者认为,一条跨越国界的贸易路线会对自己的国家大有益处。而在这条路线上,丝绸无疑是进行**交换**和贸易中最重要的商品。

敦煌壁画中汉代商人前往西域的场景。

货物交易

沿着丝绸之路旅行的中国商人多结伴而行，他们用骆驼作为运输工具，这种由商人和骆驼组成的队伍称为骆驼商队。

骆驼商队

骑着骆驼穿越沙漠的一群商人。

中国商队载着香料、羊毛织品和丝绸等货物远赴波斯。波斯商人先从中国人手中购买这些商品，然后再将它们转卖给欧洲商人。通过这种方式，很多中国货物经由波斯抵达欧洲，丝绸成为欧洲人十分喜爱的商品。

今天，仍有骆驼商队行进在丝绸之路上。

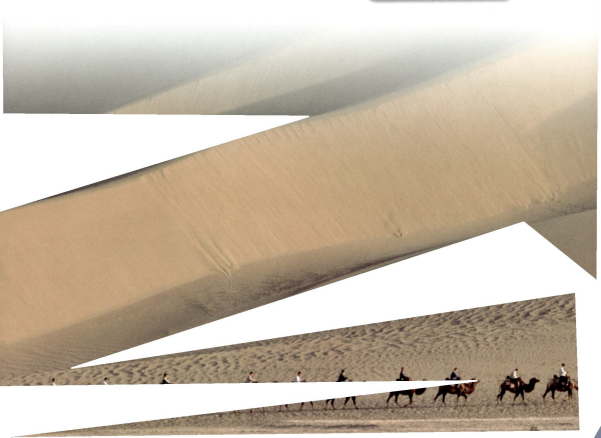

丝绸之路上的商品交易

丝绸之路沿途曾经有很多城市,商人们往往只到其中某个城市去出售商品,然后就返回家乡了,这些商品再由其他商人运往沿线其他城市。同样地,这些货物又将被别的商人贩运到另一个城市。最终,商品都将到达目的地。因此,在丝绸之路两端的商人几乎不会碰面,然而,商品交易却在他们之间完成了。

丝绸之路上的高昌古城遗址

思想的传播

人们沿着丝绸之路进行贸易的同时,很多思想也被广泛传播了,其中包括佛教。佛教是从印度沿丝绸之路向东传入中国的。丝绸之路上的很多城镇都成了宗教中心。在这些城镇附近,人们在悬崖峭壁上开凿出很多庙宇用以进行宗教活动。

随后,其他宗教也沿着丝绸之路传播进来,主要是伊斯兰教和基督教。

中国敦煌莫高窟的标志性建筑

关键概念 2 探险者探索新的大陆，寻找新的贸易机会和财富。

发现东方

　　欧洲人都希望能对"丝绸王国"有更深入的了解，但是真正走完丝绸之路的欧洲商人却屈指可数。很多欧洲人都对中国充满好奇，于是，有些人决定亲自去看看这神秘的东方国度。

一条14世纪出产的丝绸披肩局部。披肩上的刺绣工艺精美，其间点缀着珍珠。

马可·波罗

13世纪,一位名叫马可·波罗的探险家从欧洲来到中国,那时正是中国的元朝。马可·波罗回到欧洲以后,便将他在中国的所见所闻写成了《马可·波罗游记》,并广为传播。

在此之前,马可·波罗的父亲和叔父就曾到过中国,他们还见到了元世祖忽必烈。波罗兄弟认为他们可以在中国进行商品交易,并能从中赚取大量财富,因此,他们决定再一次前往中国。这一次,马可·波罗与他们同行。

马可·波罗

马可·波罗在中国居住了许多年。作为忽必烈的特使，他的足迹踏遍了中国大地。他了解到很多在欧洲从未见过的事物：中国人使用纸币，发明了印刷术和火药，用煤做饭和取暖。随着时间的推移，人们将这些中国的发明沿着丝绸之路传遍世界各地。

探险
通过旅行发现和探查未知的地方。

马可·波罗离开欧洲24年。在中国，他看到了无数令他惊奇的事情。他的游记激发了很多人的探险欲望，克里斯托弗·哥伦布就是其中一个。

忽必烈会见马可·波罗。

关键概念 3 当文化交融时，人们的生活方式也会发生变化。

贸易改变了中国

随着贸易路线的不断拓展，中国人的生活方式也发生了变化。中国的商船航行到印度、埃及和非洲的东海岸。中国人在这些地方进行丝绸、茶叶和香料贸易，同时，也了解了这些地区的不同文化。

> **文化**
> 某个群体的人们所共同拥有的传统、语言、服饰以及其他生活方式的总称。

随着海上贸易的发展，中国的港口城市变得十分繁忙。

丝绸贸易的终结

可是渐渐地,穿越沙漠的丝绸之路对于商人们来说变得不够安全了。沙漠地带的气候十分恶劣,令人难以适应。此外,基督教信徒和伊斯兰教穆斯林之间还经常爆发冲突,许多沙漠城镇在这些冲突中被摧毁。

到了15世纪,人们已经不再使用丝绸之路,当时的皇帝们决定停止一切海外贸易和旅行。他们认为如果限制外来者的进入,中国将会变得更加安全。

明太祖朱元璋并不希望中国与其他国家进行贸易。

在第二部分中,你将会学到香料贸易的相关知识。

香料贸易

你喜欢吃佐以香料的食物吗？你知道是什么使食物具有独特的滋味吗？香料是从植物中提取并加工而成的调味品。我们今天常用的一些香料，如胡椒，就是一种浆果干，桂皮则是由肉桂树树皮加工而成。曾经有一段时期，香料既稀有又昂贵，人们要到很远的地方去换取它们。有时候，国家之间还会为争夺香料贸易的控制权而引发战争。

香料的产地

印度尼西亚的马鲁古群岛（旧称摩鹿加群岛）曾是多种香料的原产地。这些香料之岛炎热、多雨，适宜香料植物生长。如今，世界上很多地区都出产香料。在印度的森林中，遍地都生长着野胡椒，而斯里兰卡则盛产桂皮。

肉桂树树皮

香料之路

人们曾经借助一条海上航线进行香料贸易,这条航线称为香料之路。那时候,香料都是用船只运往欧洲的。从中国起航的商船首先沿着这条航线来到印度尼西亚,然后绕过印度,前往中东。穿过中东后,香料之路将它们带到地中海,随后,商船便可驶向欧洲,整条香料之路绵延15 000多千米。

请看下面的地图,我们可以用它来追寻香料之路。

关键概念 1 古代探险带来了商品贸易和文化交流。

阿拉伯人与香料贸易

很长一段时间，香料贸易被阿拉伯人控制着。阿拉伯国家位于中东，香料贸易路线正好从他们的国土上穿过。阿拉伯商人以得天独厚的优势逐渐扩大了他们的领地，他们的探险活动创建出一个从欧洲延伸到亚洲的帝国。阿拉伯人信仰伊斯兰教，其教徒称为穆斯林。

贸易

购买、销售或交换商品的行为总和称为贸易。

许多阿拉伯人善于航海，他们沿着香料之路往来航行，并在沿途港口进行贸易。在进行商品贸易的过程中，商人们将自己民族的文明和宗教信仰也广为传播。

建造于香料之路沿途的一个伊斯兰教清真寺内部。

阿拉伯商人和探险家

一些商人和探险家们曾经游历过其他的穆斯林国家。其中有一位阿拉伯探险家名叫伊本·拔图塔,他从1325年开始,花费了大约30年的时间周游世界。在旅行中,拔图塔到达了西非、欧洲和亚洲,足迹踏遍了那个年代所有的穆斯林国家。

另一位探险家伊本·法德兰则旅行至俄国。在伊本·拔图塔和伊本·法德兰的游记中,他们将自己的旅程和在陌生土地上的见闻一一记录下来。这些游记帮助阿拉伯人了解到世界上其他地方人们的生活。

伊本·拔图塔(右)在他的一次旅行途中。

与欧洲人之间的贸易

阿拉伯人并不是惟一通过香料之路到达亚洲的人。欧洲人也曾经与亚洲人开展过贸易活动。随着时间的推移，阿拉伯人将他们的香料贸易扩展到欧洲。意大利的港口城市威尼斯和热那亚与阿拉伯商人签订了贸易协议。这两个城市的商人从阿拉伯人手中购买商品，然后再将这些商品转卖到欧洲其他城市。他们之间贸易活动的主角就是香料。人们用香料给食品调味，并用它们制作药物及香水。欧洲人用陶器等商品换取香料。

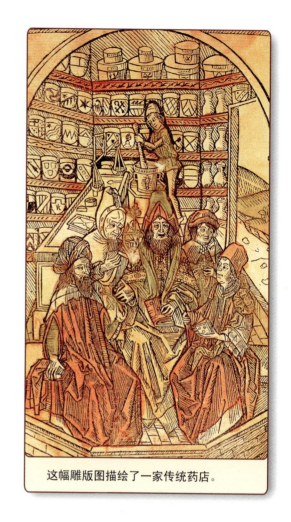

这幅雕版图描绘了一家传统药店。

以传统香水商店为题材的雕刻作品。

文明的传播

欧洲人从阿拉伯人那里学到很多新思想。阿拉伯人向欧洲商人传授了我们今天所使用的数字体系。星盘的使用方法也逐渐被欧洲人掌握,这种天体观测仪器可以帮助他们在海上导航。

随着时间的推移,越来越多的欧洲人开始在亚洲的香料之路沿途定居下来。欧洲人传授给当地人很多西方思想,使他们有机会了解西方的生活方式。

星盘

公元前3世纪,由希腊人发明的一种测量天体高度的仪器。

星盘帮助阿拉伯水手在海上航行。

关键概念 2 探险者们探索新的大陆，寻找新的贸易机会和财富。

寻找一条新的香料之路

在阿拉伯人的控制下，欧洲人不得不高价购买阿拉伯商人手中的香料，欧洲人想摆脱这种控制，于是希望建立一条属于自己的通往亚洲的贸易路线。他们试图寻找一条新的海上通道，前往盛产香料的印度及其他国家。这样就能控制香料贸易，并从中获取大量财富。

葡萄牙探险家是第一批出发去探寻新的香料贸易路线的人。不久，荷兰人和英国人也开始了他们的探险之旅。

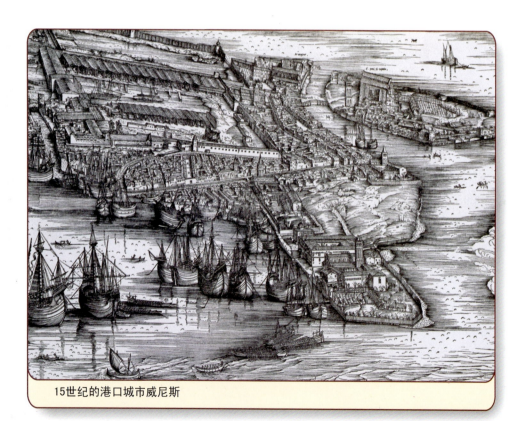
15世纪的港口城市威尼斯

葡萄牙探险家

1418年,来自葡萄牙的水手由海路开始了他们的探险,他们沿着非洲西海岸一路航行。起初,水手们不敢走得太远,因为他们害怕大海中生存着可怕的怪物。

地理学家

研究一切与地球相关科学的人。

葡萄牙王子亨利资助过很多次远航。他建立起一所航海学校来训练探险家,并聘请制图师和地理学家在学校授课。不久,欧洲人航行到了从前遥不可及的地区,他们甚至还到达了非洲最南端的好望角。

1488年,一位名叫巴托莱梅·迪亚斯的葡萄牙探险家成为第一个乘船绕过好望角的欧洲人。于是,他发现了一条新的绕道非洲并最终抵达东方的海上路线。

巴托莱梅·迪亚斯远航中的一条海船

1497年，另一位航海家瓦斯科·达·伽马也从葡萄牙扬帆起航了。经过漫长的旅程之后，他到达了印度。虽然达·伽马和他的船员们没有带来能与印度人交易的货物，但是他们发现印度人乐于用香料交换黄金和白银。几个月后，他回到葡萄牙，并带回了少量香料。

1502年，达·伽马与其他葡萄牙航海家一起再次来到印度，共同构建了属于自己的香料贸易路线。他们与阿拉伯人战斗，并赢得了很多重要港口的控制权。很快，葡萄牙人就成了欧洲的主要香料供应者，他们通过香料贸易变得十分富有。

瓦斯科·达·伽马

关键概念 3　当文化交融时，人们的生活方式也会发生改变。

东印度公司

17世纪初期，其他的欧洲国家也对香料贸易产生了兴趣。为了与印度和印度尼西亚开展贸易，英国人和荷兰人建立了一些公司，他们把这些公司称为东印度贸易公司。不久，这些公司就从葡萄牙人手上夺取了香料贸易的控制权。

16世纪欧洲探险家使用的一种快速帆船的模型。

欧洲对香料贸易的控制

荷兰人很快占据了香料群岛。他们强迫岛上居民为他们工作，并禁止岛民自己种植和出售香料。随着时间的推移，荷兰人逐渐改变了岛上居民的文化和生活方式。

英国人则接管了印度的香料贸易，随着贸易的不断发展，越来越多的英国人来到印度定居。与香料群岛上的荷兰人一样，英国人也改变了印度人的生活方式。

荷兰人和英国人牢牢掌握着对这些地区的控制权，这种情况一直延续到20世纪。

香料群岛上的一个荷兰要塞遗址

在第三部分中,你将会学到有关食盐贸易的相关知识。

食盐贸易

你知道吗？食盐并不仅仅是一种食品调味料，它还是保证我们身体正常工作的必需品，因为它能帮助我们抵抗感染。此外，盐还可以用来保存食物。在冰箱出现之前，世界上很多地区的人们都渴望得到食盐以保存食物，但并不是世界上所有的地方都出产这种东西。在缺盐的地区，食盐的价格很高，甚至还被当作货币使用。迫切需要食盐的人们通过贸易，甚至是用战争的方式来获取它。

食盐的来源

今天，在世界上的绝大多数地区，食盐都是比较容易获得的。海水和地下水中都含有盐。从海水中提取的盐称为晒制盐；从地下水中提取的盐叫做岩盐。晒制盐是通过晒干海水的方式获取的；而岩盐则是采掘得来的。

这幅16世纪的木版画展现了人们蒸发海水获取晒制盐的情景。

非洲的食盐贸易路线

过去，世界上有些地区食盐产量很低，或者根本不出产食盐。在非洲西部，撒哈拉大沙漠南部的一些国家没有足够的食盐，但是它们拥有巨大的黄金储量，而北非的一些地区拥有充足的食盐，但却没有黄金。因此，人们建立起穿越撒哈拉大沙漠的贸易路线，将处于沙漠两端的地区联结起来。

沙漠贸易商们先将食盐运到西非，换成黄金。随后，商人们横跨地中海到达欧洲。在那里，他们用黄金交换其他欧洲商品。

请看下面的地图，它展示了非洲的食盐贸易路线。

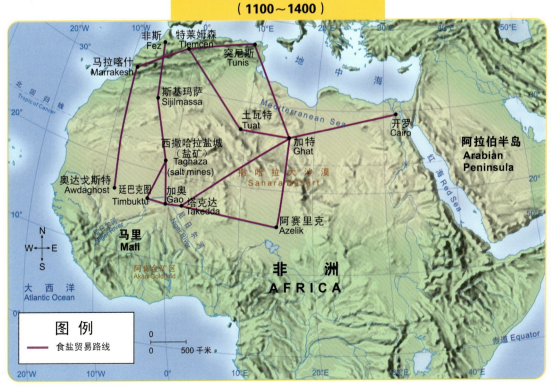

非洲食盐贸易路线图
（1100～1400）

关键概念 1 古代探险带来了商品贸易和文化交流。

探索非洲的食盐贸易路线

在大约1100年~1400年前后，穿越非洲并进入欧洲的贸易路线使用频繁。黄金和食盐在这些路线沿途进行交易。西非的加纳、马里和桑海王国用他们的黄金与北方国家换取食盐。这些交易使得非洲的几个王国变得富有而强大。

对黄金的渴求驱使着欧洲人通过探险打开了非洲的大门。1482年，葡萄牙商人成了第一批在加纳西海岸建造永久贸易站的欧洲人。不久，来自西班牙、丹麦、瑞典、荷兰、德国和英国的商人们也纷纷效仿这一做法。

马里市场上待售的大块板状岩盐

加纳和马里的贸易中心

加纳是第一个通过发展贸易而变得富有的西非国家。加纳坐落在非洲热带雨林黄金矿区的北部、撒哈拉大沙漠以南，居民主要为北非柏柏尔人和图阿雷格人。他们与来自沙漠地带的阿拉伯商人进行贸易，用黄金换取食盐。不久，加纳便以"黄金之国"著称于世。

随着时间的推移，新的贸易路线被不断开发出来，更多的货物被用于交易。随后，马里王国取代了加纳的地位，成为重要的贸易强国。

现代图阿雷格商人们正在穿越撒哈拉大沙漠。

廷巴克图

廷巴克图位于尼日尔河的一个转弯处，这里是西非和北非商人的会合点。在超过 400 多年的时间里，廷巴克图一直是非洲最大的贸易中心之一，同时也是当时马里最富有的地区之一。

来自西部的商人沿着尼日尔河行进，将他们的货物带到廷巴克图。在这里，他们用可乐果、铁制工具以及西部的奴隶与阿拉伯商人换取北方的马匹和骆驼。但是，最主要的贸易对象仍然是西部的黄金和北部的食盐。

这幅17世纪的雕版图展示了坐落于撒哈拉大沙漠中的廷巴克图城的风貌。

思想的传播

贸易的同时也让西非人民接触了新思想。伊斯兰教就是通过食盐贸易路线从阿拉伯国家传入西非的。廷巴克图也成为穆斯林宗教中心。直到今天，廷巴克图还保留着古代穆斯林用于举行宗教仪式的清真寺。廷巴克图也是一个文化中心。人们从很远的地方到这里的大学进行学习。他们既学习宗教，也学习数学、天文学和医学。

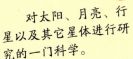

天文学
对太阳、月亮、行星以及其它星体进行研究的一门科学。

一个历史悠久的

关键概念 2 探险者们探索新的大陆，寻找新的贸易机会和财富。

沙漠商人

北非柏柏尔人以及图阿雷格部落成员都非常善于经商。他们用骆驼运送食品和货物穿越广袤无垠的撒哈拉大沙漠。贸易商组成庞大的队伍，结伴同行。这些由商人和骆驼组成的队伍称为骆驼商队。庞大的商队能够为商人提供更多的保护，以抵御强盗。骆驼商队往来于一个个绿洲之间，绿洲为他们提供补给的水源和休整的场所。

沙漠商人利用星斗辨别方向。有些旅行队拥有多达12 000只骆驼，行进十分缓慢，有时需要花费6个月的时间才能穿越整个沙漠。通过这种方式，每年有2 000～3 000千克的黄金被运送到北部。

绿洲

沙漠中有水的地方。

一支正在穿越撒哈拉大沙漠的骆驼商队

非洲探险家

曼萨·穆沙

众多的食盐贸易路线也为探险家和旅行者们提供了方便。马里的国王曼萨·穆沙就曾经利用这些路线走遍他的王国，四处传播伊斯兰教，他曾一路从马里走到穆斯林的圣地麦加。据推测，他在沿途散发了大量黄金。这导致了当时黄金价值的下跌，原因是它一下子变得容易得到了。

马里国王，曼萨·穆沙

伊本·拔图塔

开罗的另一位探险家伊本·拔图塔也对曼萨·穆沙的这次"朝圣之旅"有所耳闻。因此,他也十分渴望到信仰伊斯兰教的马里去,一睹这个财富之国的风采。于是,他长途跋涉2 414千米,穿越撒哈拉大沙漠,从开罗来到马里。穆斯林商人们开辟的贸易路线帮助他完成了这次旅程。沿途,他经过了许多城市,并将他的见闻一一记录下来。

今日马里杰内一个繁忙的集市。

关键概念 3 当文化交融时，人们的生活方式也会发生变化。

非洲的伊斯兰教

伊斯兰教被引入西非以后，当地传统的宗教信仰和人们的生活方式都发生了变化，很多西非人成了穆斯林。马里和加纳各地都建起了不少带有宣礼塔的美丽清真寺。在马里，国王曼萨·穆沙还将星期五作为祈祷日。同时，人们的旅行活动更加频繁了。像曼萨·穆沙一样，大量富有的西非人也纷纷前往位于中东的圣地麦加朝圣。

伊斯兰教也为西非国家带来了新知识。阿拉伯商人们随身携带伊斯兰教的经文典籍《古兰经》，许多非洲人学习阿拉伯语的目的就是为了能够阅读《古兰经》。不仅如此，通过阅读书籍以及与阿拉伯人的直接交往，西非人还对阿拉伯贸易伙伴国的文化有了一定的了解。这些国家包括中国、印度以及中欧的部分国家和地区。

马里的一个清真寺

非洲的其他变化

随着食盐贸易路线的不断发展，非洲北部和西部的人们通过货物交换，获取了大量财富。许多位于沙漠中，以及处在贸易路线两端的城市也因此逐渐发展壮大。

非洲的商品同样也到达了欧洲，这引起了来自欧洲国家的人们，包括葡萄牙人、英格兰人以及荷兰人等，对非洲进行更进一步探索的兴趣。与此同时，这些国家还在非洲西海岸建立了一系列永久贸易站。

然而，食盐贸易的发展也助长了奴隶贸易的增长。奴隶就是那些被迫工作却得不到报酬的人们。大量非洲人被输送到北方，并当作奴隶贩卖到盐矿做苦役。

20世纪中叶，正在一个非洲盐矿中劳作的苦役们

在第四部分中,你将会学到毛皮贸易的相关知识。

毛皮贸易

你想知道千百年前的衣服是用什么做成的吗？那时人们还没有学会如何纺织纤维，于是，他们用动物的毛皮来做衣服。毛皮制成的衣服坚固耐磨、不易破损，古人就是穿着这种衣服来御寒保暖的。

今天，人们不再需要穿着毛皮来御寒，并且很多人认为杀死动物来获取它们的毛皮是十分残忍的行为。然而在人类早期，人们却坚定地崇尚毛皮，甚至不惜长途跋涉去寻找和交换它们。

毛皮是什么

毛皮是动物表皮及附在上面的一层厚厚的毛。动物的毛皮有两层：外层为较硬的、有油脂保护的毛，内层是细而柔软的绒毛。外层保护性的毛使动物的皮肤免受潮湿的侵袭；而内层的绒毛就像一层绝缘体，起到保暖的作用。

海狸的毛皮能保持体温。

北美的毛皮贸易路线

在17世纪的北美洲，毛皮成为一种十分重要的贸易品。很多欧洲人来到美洲寻找动物毛皮，之后便定居于此。这里曾经有两条主要的毛皮贸易路线，它们分别跨越了大西洋，将北美洲和欧洲联结在一起。其中一条路线由法国人使用，而另一条则由英国人控制。从16世纪中叶直至19世纪末期，这两条贸易路线总共持续使用了近300年。

当时，人类为获取毛皮捕杀海狸和狼等野生动物。今天，在毛皮养殖场中饲养的动物是世界上大部分毛皮的提供者。大部分国家已经明令禁止为获取毛皮而猎杀濒危动物。

下图展示了16世纪到19世纪的两条主要毛皮贸易路线。

关键概念 1 古代探险带来了商品贸易和文化交流。

北美洲的探险和贸易

北美最早的欧洲毛皮贸易商是来自法国的探险者。16世纪,这些法国探险者抵达位于加拿大东南部的圣劳伦斯河口。他们一上岸,就与生活在那里的美洲印第安土著人进行交易。法国人拿出金属和玻璃制品交换印第安人的毛皮。这种早期的贸易方式一直持续了几十年。

贸易站
人们聚到一起交换物品的固定场所。

欧洲贸易商和寻找毛皮的捕兽者们开拓了北美洲大陆的大片区域,在北美殖民进程中起到了重要作用。他们在野外建造了**贸易站**,许多殖民点就是在这些贸易站的基础上建立起来的,其中的一些殖民点后来又发展成为较大的城市。

明尼苏达州苏必利尔湖畔,一个早期毛皮贸易站中被修复的一栋房屋。

16世纪晚期，毛皮服饰在欧洲渐渐成为时尚。当时，用毛毡压紧、缠结而成的男式毡帽非常流行。制作毛毡的最佳材料是海狸皮。因此，对海狸毛皮的需求开始增长。商人和捕兽者们为满足这种需求，掀起了新一轮探险热潮，北美洲更大的区域被开拓出来。贸易站和殖民点的数量也因此不断增加。

1608年，法国人在圣劳伦斯河岸建立了魁北克贸易站。他们将毛皮贸易沿着劳伦斯河一直扩展到五大湖区以及更远的地方。这些贸易站在今天加拿大的蒙特利尔、美国的底特律和圣路易斯等地区不断发展壮大。在休伦和渥太华等地，法国人从美洲土著居民手里换取毛皮，而英国人则与易洛魁族人结成同盟，后者控制着自缅因州沿大西洋海岸至佐治亚州大片地区的贸易。

欧洲毛皮商人正在同印第安人讨价还价。

货物的交易

卖给印第安人的欧洲货物

欧洲人带来了很多金属工具,这使得美洲印第安人的日常生活比以前便利了许多。欧洲人用于交换毛皮的贸易品包括水壶、小刀、剪刀、钻毛皮的尖钻、缝衣针、黄铜丝和钢丝,用于制剑的刀片,还有箭头。五彩玻璃珠、棉织毯子,以及鲜艳的布料也是交易的对象。除此之外,枪支和火药在整个交易活动中占据了很大的份额。

卖给欧洲人的美洲本土货物

欧洲商人向印第安人提供了日用品和生产资料。为了换取这些商品,印第安人向欧洲人供应毛皮。欧洲商人将这些毛皮贩卖到欧洲,并获取巨额利润。起初,他们只是不断地回到北美洲来进口更多的毛皮。渐渐地,他们决定将北美洲作为一个永久的毛皮供应地。于是,他们开始了更远的探险,并建立了更多的殖民点。

荷兰商人正在用工具向印第安人交换毛皮。

思想的传播

　　美洲印第安人向欧洲商人们提供了帮助和支持。他们与欧洲人一同分享自己的生存技能：帮助他们熟悉区域内复杂的河流水系；教会他们捕鱼、狩猎，并熟悉区域内的道路交通；还教会了他们如何种植庄稼，如玉米、大豆、烟草和南瓜等。欧洲人还从印第安人那里学到了怎样用树皮、植物的根和叶来制作药物。

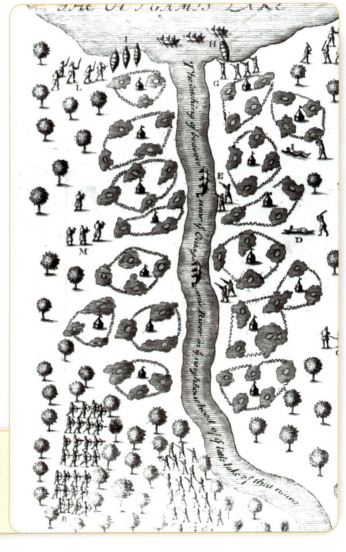

这幅雕刻画描绘了河流沿岸捕捉海狸的最佳地点，它是由易洛魁族人和欧洲人共同完成的。

关键概念 2 探险者们探索新的大陆，寻找新的贸易机会和财富。

探索的年代

十五六世纪是一个充满重大发现和海外探险的年代。许多欧洲探险家来到北美洲寻找财富，同时，也寻找新的贸易机会。

雅克·卡蒂埃

1534年，一位名叫雅克·卡蒂埃的海员受法国国王弗朗西斯一世的委任，出海去寻找充满黄金和宝藏的新的大陆。一年以后，卡蒂埃发现了加拿大的圣劳伦斯河。在那里，他遇到了居住在圣劳伦斯河流域的本地人休伦族人。卡蒂埃和他的船员们就用小刀和休伦族人进行交易，换取毛皮。

圣劳伦斯河的发现很重要，因为它为进一步向美洲深处的探险铺平了道路。继雅克·卡蒂埃之后，法国和休伦族人之间的毛皮交易日益频繁，这导致了后来法国在这个地区的殖民统治。

雅克·卡蒂埃

塞缪尔·尚普兰

塞缪尔·尚普兰是另一位重要的法国探险家,他于1603年航行至北美洲。塞缪尔沿着卡蒂埃开拓的路线,花费了几年时间对大西洋沿岸进行考察。1608年,尚普兰在圣劳伦斯河沿岸建立了魁北克贸易站。他管理了魁北克贸易站很多年,并使毛皮贸易在这一地区扩展开来。1632年,法国政府任命他为魁北克总督。

皮埃尔·埃斯普里·雷狄生
梅达尔·舒瓦尔·格罗塞耶

1665年,两名在历史上比较重要的法国探险家和毛皮贸易商皮埃尔·埃斯普里·雷狄生和梅达尔·舒瓦尔·格罗塞耶来到了英格兰。他们说服了英国国王查尔斯二世的表兄弟鲁伯特以及一群英国商人为他们的探险活动提供资助。这次旅程的目的地是哈得孙海湾。他们也许是探索五大湖西北部地区的第一批欧洲人。

塞缪尔·尚普兰　　皮埃尔·埃斯普里·雷狄生

贸易公司的扩张

雷狄生和格罗塞耶的哈得孙湾探险促成了著名的哈得孙湾公司的建立。这个英国毛皮贸易公司成立于1670年,英格兰国王查尔斯二世授予这个公司在哈得孙湾地带的特许经营权。这片区域就是后来的鲁珀特地区。起初,这家公司只是在詹姆斯湾周边,以及哈得孙湾西岸等地区进行贸易活动;到了18世纪末期,哈得孙湾公司已经在通向太平洋的沿途拥有一系列贸易站。

在鲁珀特地区的毛皮贸易被哈得孙湾公司控制的同时,圣劳伦斯地区的贸易活动仍由单个独立的贸易商进行。18世纪80年代初期,很多来自蒙特利尔的独立毛皮商人联合起来共同建立了西北公司。为了寻找所需的毛皮,西北公司向加拿大西部进行了更进一步的探索。尽管西北公司发展十分迅速,但它还是在1821年被哈得孙湾公司吞并了。

哈得孙湾公司在加拿大城堡的贸易站。

关键概念 3 当文化交融时，人们的生活方式也会发生变化。

毛皮贸易对人们生活的影响

北美洲的毛皮贸易对当地居民和欧洲殖民者的生活和文化都产生持续而深远的影响。为了换取毛皮，欧洲人向美洲印第安人提供金属工具和器皿等工业制成品。在此之前，美洲印第安人一直仅限于使用骨头、石头、牛羊角以及黏土等制作的简单工具。而现在，他们很快变得依赖于欧洲商品。虽然这些改善了他们的生活，但是他们的传统技能逐渐失传了。

欧洲人在北美洲建立了大规模的贸易殖民地，攫取了巨大财富，同时，传播了他们的文化。然而，英国和法国之间的势力斗争也制造了大量矛盾。这两个国家都想在同一个地区扩展他们的殖民地和贸易机会。冲突于17世纪70年代爆发，一直持续到18世纪，1763年，战争达到顶点。在这场战争中，法国人和印第安部落联合起来对付英国人，但最终的胜利者是英国人，他们掌控了法国在北美的殖民地和毛皮贸易。

毛皮贸易的终结

随着毛皮贸易的进行，欧洲人也开始控制美洲印第安人的生活。由于对欧洲商品的需求不断增长，导致了美洲土著部落之间的激烈竞争。很多战争是由于争夺狩猎场而引发的，并且很多地区出现了过度捕猎的现象。到了19世纪，北美洲的毛皮类动物变得十分稀少，几乎没有动物可猎杀。由于没有可供食用的猎物，很多印第安人因饥饿而死，还欠下了欧洲人巨额债务，并开始逐渐失去了自己的土地。

当欧洲人清理出越来越多的土地用来建造殖民地时，毛皮类动物的数量变得更加稀少了。这种情况减缓了毛皮贸易的发展步伐。19世纪30年代，欧洲的流行品味转向丝绸。于是，毛皮的价值以及市场需求便一落千丈。到1870年，绝大部分毛皮贸易活动都已停止。

丝绸成为19世纪欧洲最时尚的纺织品。

思考 关键概念

回顾一下你所读到的内容，以及你看到的图片和地图。运用它们来回答以下问题，然后与同学们分享你的看法。

1. 请说出在探索新贸易路线的过程中所进行的商品交换以及文化的交流。

2. 早期探险家们的目的有哪些？

3. 请说出几个当时著名的探险家。

4. 当不同文化背景的人们相遇时，他们之间会产生怎样的影响？

自然地图

自然地图可以展示某一地区的许多地理特征

在一幅自然地图中，不同的底纹表示不同的地貌特征，如黑色的阴影代表山脉，蓝色代表海洋，浅棕色则代表沙漠。

在自然地图上可以标示不同的事物

第7页、19页、31页、43页显示了丝绸、香料、盐以及毛皮贸易路线的自然地图。55页上的地图也是一张自然地图，它展示了雅克·卡蒂埃和塞缪尔·尚普兰的航程。

怎样查阅自然地图

1. **阅读标题，以便弄清这张地图展示了什么**

   地图指示了世界上不同地方的位置所在。它们还有可能显示连接这些地方的路线。

2. **阅读图例，以便明确各种符号的意义**

   一些特殊的路线或地区可能会在地图上被特别标记，并在图例中指出。

3. **学习地图上的信息**

   观察地图上显示了哪些大陆、国家、城市、沙漠和海洋？

4. **思考你所学到的知识**

   你从地图里面了解到哪些新的信息？

法国人的北美航行

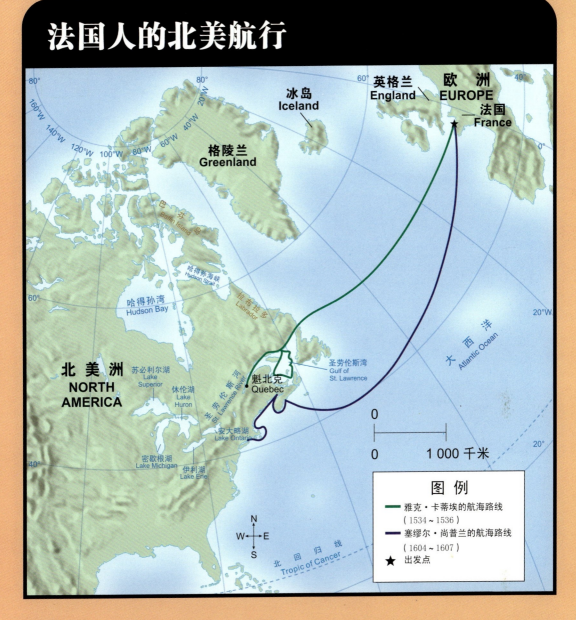

我们从地图上看到什么（A）

按照54页上注明的步骤阅读这张地图，然后将你所了解到的知识写下来。卡蒂埃和尚普兰从哪里开始了他们的旅程？他们穿越了哪个大洋？旅程的终点是哪里？将你的答案与其他同学进行比较。

曼萨·穆沙的"朝圣之旅"（1324）

我们从地图上看到什么（B）

　　按照54页上注明的步骤阅读这张地图，然后将你所了解到的知识写下来。曼萨·穆沙从哪里开始了他的旅程？他穿过了哪些城市？旅程的终点是哪里？将你的答案与其他同学进行比较。

瓦斯科·达·伽马的航线（1497~1498）

我们从地图上看到什么（C）

按照54页上注明的步骤阅读这张地图，然后将你所了解到的知识写下来。达·伽马从哪里开始了他们的旅程？他们穿越了哪个大洋？旅程的终点是哪里？将你的答案与其他同学进行比较。

专题文章

体裁频道

专题文章包含有关某个主题的十分有趣的内容,通常在杂志和报纸中比较多见。它们通过一种生动、活泼的方式向读者传达一些详细的信息。在本书中,从第59页开始的4篇专题文章与人造丝绸、香料、食盐以及毛皮有关。

一篇专题文章通常包括以下几个要素:

导语用来引起读者的兴趣,使其产生继续阅读的欲望。例如,导语可以是一起令人吃惊的事件,也可以是一个有趣的问题。

小标题的作用是将主题分解成易于识别和理解的几个部分。

主体段落围绕各个小标题来展开,为读者提供详细信息。

照片、图片和示意图将与主题相关的人和物直观地展现在我们面前。

结论是对文章的总结,它可能告诉我们一个最终的结局,或用一个引证作为结尾,或是对将来的某种预测。

这竟然不是丝绸！

你是否曾在商场中看到过丝绸衣物？你可能觉得自己没有能力购买这么高档的衣服。但下一次你可以仔细地看一看。其实，并不是所有看起来像丝绸的布料都是真正的丝绸。

标题揭示文章的主题。

导语吸引了读者的注意力。

照片、图片或示意图将与主题相关的人或物直观地展现在读者面前。

今天，想要分辨出天然衣料和人造衣料的差别是一件很难的事情。

丝绸是什么

丝线是人类使用的最为古老的天然纤维之一。很多天然纤维,例如棉线,都来自于植物。但是丝绸却来自于一种叫蚕的昆虫。蚕会吐丝,并在自己身体的周围编织成茧。

5 000年前,中国人掌握了从蚕茧中抽取丝线的方法。由丝线织成的布料既坚韧又柔软,并且十分美丽,人们往往愿意花高价购买天然丝绸。

丝绸面料不能仅靠机器制造,还需大量的人工,这也是丝绸价格昂贵的原因之一。

小标题将文章分成几个部分。

主体段落围绕各个小标题展开,为我们提供详细信息。

一位工人正将蚕丝绕上卷轴。

一只蚕

丝绸的制作过程

现在,大部分的丝绸都来源于养殖场中饲养的蚕。在养殖场中,蚕是用桑叶喂养的,这是它们惟一的食物。蚕在4～5周内不停地进食,然后,它们就完全长成了。

接着,蚕准备做茧。为了制作一个茧,每只蚕都要吐出一股细丝。这股蚕丝由两根蚕丝纤维构成,这些纤维可以长达1 000米。蚕丝纤维的表面覆盖了一层黏性胶状物,正是这层物质将蚕丝粘合在一起形成一个蚕茧。

蚕茧被送往工厂。在那里,工人们用高温蒸汽将蚕茧里面的蛹杀死。随后,蚕茧被放入肥皂水中,这样可以起到软化黏性胶状物的作用。接下来,蚕茧中缠结的丝就会被抽出。许多根蚕丝捻在一起就成了丝线,这种丝线称为生丝。最后,人们用生丝织成丝织品。

蚕茧

蚕茧被浸泡在肥皂水中,以便软化蚕丝表面的胶状物质。

人工丝绸

如果年轻人想在商场中买一件既顺滑又有光泽的织物，不必非要选择丝绸。因为丝绸的价格十分昂贵。年轻人可以选择一些人造纤维制成的衣物。现在有很多人造纤维，或称为仿造纤维，看起来与丝绸并无两样。人造丝、尼龙、丙烯酸类纤维以及聚酯纤维就是各种各样的人造纤维。

人造丝

一位名叫乔治·奥德马尔斯的法国人在试图模仿蚕吐丝的过程中促成了人造丝的发明。1855年，他从桑树上剥下树皮，捣碎成浆状，然后，他把浆状物与黏性橡胶混合在一起。当他把一根针在这种混合物中搅拌一下，再取出来的时候，他发现一种细丝就这样形成了。

1924年，一种由木浆制造的人造纤维被命名为人造丝。20世纪三四十年代，人造丝变得十分流行。

人造丝面料

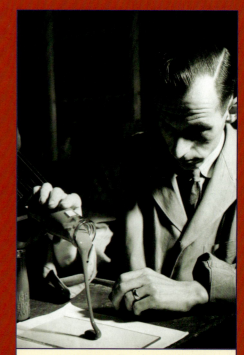

20世纪40年代，一位技术人员正在研究分析用来制造人造丝的化学物质。

人造丝的生产过程是先将木浆压紧,切割成薄片。然后将它们浸在不同的化学物质当中。浸泡使得木浆分解成一种液体,这种液体透过一个个细小的孔,漏到另一个盛满化学试剂的容器中。于是,液体便形成了长长的纤维。这些纤维还要经过洗涤,去除残留的化学药品。

有时候,想要分辨天然蚕丝与人造丝之间的差别,并不是一件容易的事。人造丝的手感柔软舒适,就像真正的丝绸一样。它还比较容易被染成鲜艳的颜色,并且不会退色。同时,人造丝也十分坚韧。

20世纪40年代,在一个人造丝工厂中,压紧后的木浆正在被切割成薄片。

未来的丝绸

有一种天然丝，是科学家们极其希望能够仿制的，那就是蜘蛛丝。蜘蛛能吐出一种独特的丝，并用它来结网。它们的丝可以伸展得很长，十分有韧性，还能防水。

如蜘蛛丝般坚韧的人造丝将会有广泛的用途。这种丝可以被用来制造更薄但却更为坚固的防弹背心，可以用来制造更结实的绳子和安全带，还可以用来编织美丽而又耐穿的丝织品。将来，人造蜘蛛丝也许真的会成为商店中一种颇受欢迎的衣料。

> **结论**可以是对文章的总结，或者提出最后的思考，或者对未来做出某种预测。

一只正在结网的蜘蛛

人造蜘蛛丝坚韧得足以抵挡子弹。

给生活添加一些调料

标题揭示文章的主题。

导语吸引了读者的注意力。

你知道芥末曾经被用来缓解肌肉疼痛吗？你知道我们日常使用的普普通通的胡椒曾经是世界上最贵的香料吗？当香料被用于烹饪时，它们能把食物变得更加美味可口。下面，你将会读到一些常用香料的知识。

照片、图片或示意图将与主题相关的人或物直观地展现在读者面前。

桂皮条

形态、颜色和味道各异的香料。

胡 椒

> **小标题**将文章分成几个部分。

> **主体段落**围绕各个小标题展开,为我们提供详细信息。

胡椒是一种藤本植物干燥后的果实。胡椒藤最早种植于马来西亚和印度尼西亚群岛上,当时这些地方被称为东印度群岛。今天,在印度、巴西、马达加斯加和斯里兰卡也都有胡椒种植。

胡椒藤的果实可以生产出不同类型的胡椒。黑胡椒来自即将成熟的胡椒浆果;白胡椒由完全熟透的浆果制成;而红胡椒则来源于成熟并干燥后的果实。

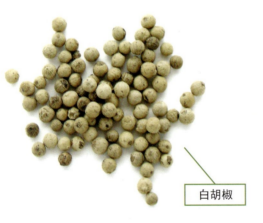

白胡椒

红胡椒

黑胡椒

如何使用胡椒

胡椒可以用来为大部分的食物调味。和盐一样,胡椒通常在用餐之前被加入到食物当中,它还能使食物变得易于消化。

世界各地的人们都用黑胡椒来为炖肉、酱汁、牛排以及蔬菜调味。红胡椒使汤和酱汁看起来颜色更鲜艳,并且吃起来口感更好。白胡椒则经常被用于清淡的汤中,这时候如果用黑胡椒或红胡椒就显得颜色太重了。

芥末

并不是所有的香料都源自亚洲。芥末最初生长于地中海国家。罗马人曾经将芥子掺混到被称为"must"的葡萄汁中；而"mustard"中的"ard"则来自拉丁文的"ardere"，意思是"燃烧"，这是因为芥末的气味十分辛辣！

芥子的类型主要有两种：棕色和白色。棕色芥子味道浓烈，而白色芥子则较为温和。芥末可以用其中的一种芥子制作，也可以将两种芥子混合。英国芥末就是用白色芥子和棕色芥子混合制作的，法国芥末的主要原料是棕色芥子，而美国芥末则由粉碎后的白色芥子加工而成。

白色芥子

芥末的用途

芥末可以为多种肉类食品调味。有时它也被加入到蛋黄酱或其他酱汁当中。

芥末常常被用于缓解肌肉酸痛。早些时候，人们把芥末包在布里，做成一个"芥末绷带"，然后，再将绷带缠绕在疼痛的部位。这种芥末绷带还能够缓解头痛和感冒症状。

在美国，芥末通常被涂抹在热狗上食用。

棕色芥子

美国芥末

法国芥末

英国芥末

桂 皮

你能想像有些树皮可以食用吗？桂皮就是肉桂树的内层树皮。将这种树皮卷紧，就是我们常见的桂皮棒了。商店里出售的桂皮既有整片的，也有成卷的，还有研磨成粉状的。我们今天使用的桂皮大部分都来自斯里兰卡。

桂皮的功用

古时候，人们极其喜爱桂皮的味道，以至于把它作为一种香水来用。到了今天，人们则主要用它来烹饪。桂皮可以作为调料添加到很多种食物中，包括甜点、热饮、肉类和蔬菜。

桂皮棒

肉桂粉

姜

姜是一种植物的地下根茎。千百年来，中国人既把它用作药物，也把它用作调料。从前，姜很难得到，价钱也很昂贵。现在，几乎世界各处都可以见到姜。它的主要产地是亚洲和岛国牙买加。

姜的根茎

如何食用生姜

只要将生姜去皮，切成细小的薄片，就可以在烹饪食物的时候加入。它能给多种肉类和蔬菜增添风味。姜末可用于制作蛋糕和饼干。而姜也可以用糖腌制成蜜饯，不仅可以作为蛋糕的辅料，还可以直接当成糖果食用。

蜜饯姜脯

肉豆蔻

肉豆蔻树曾经只生长在被称为香料群岛即马鲁古群岛上。不过现在很多地区都出产这种香料，包括印度尼西亚、巴西、印度、斯里兰卡以及西印度群岛。肉豆蔻树可以长到21米高，能产出两种香料——肉豆蔻衣和肉豆蔻核。肉豆蔻核是肉豆蔻树黄色果实中心的种子，而肉豆蔻衣则是包裹在种子外的一层红色网状薄膜。

肉豆蔻的果实

怎样食用肉豆蔻

肉豆蔻通常被用来为馅饼、布丁、饼干和蛋糕等甜品增添味道。它常常与奶酪搭配使用，例如制作奶酪沙司等。如果将它与菠菜、茄子等蔬菜或鸡蛋一起食用，风味同样独特。肉豆蔻也可以用作蛋酒和其他加香饮料的配料。

肉豆蔻的种子

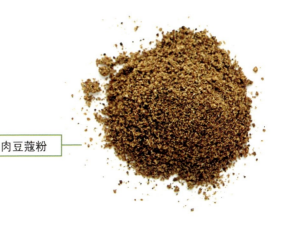

肉豆蔻粉

丁香

丁香这种香料是将一种热带植物花苞烘干之后得到的。它们曾经只生长在马鲁古群岛上。阿拉伯香料商人贩卖丁香时，不会告诉任何人这些香料的产地。然而，荷兰人发现马鲁古群岛后，他们知道了这个秘密。之后，丁香被走私者带出了马鲁古群岛，并在其他很多地方种植。今天，在世界各地都可以见到丁香的身影。

丁香的用途

美国人通常将完整的丁香加入火腿中作为调味品。它也被用来腌制泡菜和酸辣酱。除此之外，丁香还可以用作苹果派等水果甜品的配料。有的人还咀嚼丁香，以缓解牙痛和消化不良。

一棵丁香树上的花朵。

当今世界的香料

时至今日，世界各地的香料都很容易在当地的超级市场中买到。不同文化背景的人们用这些香料烹制不同风味的菜肴。下一次当你坐在餐桌前准备用餐的时候，想想面前的食物中都加入了哪些香料。你所吃的东西，也许曾经和黄金一样珍贵，像珠宝一样备受青睐。

> **结论** 可以是对文章的总结，或者提出最后的思考，或者对未来做出的某种预测。

丁香

请把盐递给我，谢谢！

标题揭示文章的主题。

很多人在还未品尝食物之前，就先伸手去拿盐瓶。你是不是他们中的一个呢？你是否经常在炸薯条、煎鸡蛋和汉堡中加盐呢？自远古时代起，向食物中添加食盐就已经成为人们烹饪和饮食习惯中的一部分。食盐不仅能使食物的口味更佳，还能防止食物腐败变质。

导语吸引了读者的注意力。

照片、图片或示意图将与主题相关的人或物直观地展现在读者面前。

食盐的历史

> **小标题**将文章分成几个部分。

从古至今,食盐都是一种很有价值的贸易品。很久以前,人们长途跋涉几千公里,为的就是换取食盐。有些地方,食盐和黄金一样值钱,甚至还取代了货币的地位。因为争夺食盐还爆发过战争,还有很多寓言和民间故事也与它有关。

盐分摄取不足

盐是保持身体健康的一种必不可少的矿物质。它不仅保证人体肌肉的正常工作,帮助胃消化食物,而且还维持体液的平衡。由于人类的身体不能合成盐,因此,我们需要从食物中摄取这种物质。

> **主体段落**围绕各个小标题展开,为我们提供详细信息。

如果你没能从食物中获取足够的盐,后果将会怎样呢?你的体液就会失去平衡,从而导致抽筋、呕吐或晕厥。如果饮食合理,这些问题就不会发生,因为可以从食物中获取一些盐分。但是,如果你由于不断呕吐或腹泻而流失过多水分,体内的盐分水平也可能会随之降低。此外,如果你在炎热的天气里喝进大量的水,却只摄取很少量的食物,同样也会导致盐分的缺乏。有些运动员,比如马拉松运动员,如果在炎热的气候条件下进行训练,就需要补充盐分。

秘鲁的一个市场上,一位妇女正在出售食盐。

盐分摄取过多

人体需要盐分来维持正常的工作。但是我们究竟需要多少盐呢？你也许会感到惊奇，因为一个普通的成年人每天只需要一茶匙盐。儿童需要的量更少，每天仅仅为2/3茶匙。我们大多数人吃盐都超过了这个量。事实上，有些人吃的盐甚至是他们身体正常需要量的5～10倍。

你也许想知道，为什么有的人会吃这么多的盐。其实，像面包、罐装汤以及烤豆这样的食品，它们的含盐量都很高。很多食品的加工过程都包括烘干、装罐和冷冻。实际上，大部分加工食品中都加入了食盐，盐使得这些食品变得更加美味，这也是食品加工厂要向产品中加盐的原因。

想想你每天所吃的食物。它们有多少是经过加工的，而又有多少是新鲜的呢？我们所摄取的食盐大约有3/4来源于加工食品，其中包括快餐食品、包装食品和饭店的食物。

摄入过多的食盐可能会导致高血压。血压是指血液对血管壁的压力。盐使你的身体更加需要水分。当食盐中含有的纳离子进入到血液中时，它会吸入额外的水分以保持平衡。这些额外的液体融入你的血液之中，使你的心脏不得不加大工作强度，才能够像水泵一样将血液运送到全身。这样，血压就升高了。

你从超市中购买的半成品食物也许含有很高的盐分。

为什么应当少吃盐

下面是减少盐分摄取的三个正当理由：

* 你身体真正需要的，很可能比你实际摄取的要少得多。
* 如果少吃一些盐，你的心脏就不必这样剧烈地工作。
* 因为从总体上讲，少吃盐有利于饮食健康。如果你少吃一些加工食品，那么你很可能也就减少了对糖和脂肪的摄取。

察看食品的钠含量。

先看，后吃

味道是人们选择某种食品的主要原因。很多人认为较少的盐意味着较差的口味。但假如你肯尝试一下，也许会喜欢上低盐食品的清淡口味。

如果你想减少从加工食品中摄取的食盐量，那就需要养成阅读食品标签的习惯。很多食品标签上列出的是钠含量，而不是食盐含量。你要想知道它的含盐量，就需要将钠含量的数字乘以2.5。例如，若一份早餐麦片含有7毫克钠，那么它就含有17.5毫克盐。我们最好将钠摄入量保持在每日推荐的1 600~2 400毫克以下。

今天你吃了多少盐

你知道自己一天通常要吃多少盐吗？当你一天中吃的基本都是快餐食品的时候，吃的盐又有多少呢？如果你的日程表被安排得满满的，只够让你匆匆忙忙地抓起一些东西填饱肚子，那么你一天的饮食大概就与下面的食谱比较接近了。

在这份菜单中，钠的总含量高达4 407毫克。而推荐的每日摄取量，儿童最多为1 600毫克，成人最多为2 400毫克。

如果你自己在家做饭，那么就注意一下这份食谱在钠含量上与前面那份的区别。在这张菜谱中，如果你不在餐桌上额外加盐的话，钠的总含量只有1 877毫克。

低钠食谱

	钠含量
早餐	
玉米片一杯	300毫克
牛奶一杯	125毫克
煎鸡蛋一个	59毫克
香蕉	2毫克
午餐	
金枪鱼沙拉三明治	600毫克
巧克力棒	35毫克
水果汁一小杯	1毫克
苹果	2毫克
晚餐	
汉堡	565毫克
烤土豆	5毫克
新鲜的和冷冻的青豆和胡萝卜各半杯	45毫克
小吃	
水果酸奶一小杯	40毫克
奶酪爆米花一杯	98毫克

含钠总量 1 877毫克

快餐食谱

	钠含量
早餐	
涂了黄油的薄煎饼和果汁	1 100毫克
午餐	
大号汉堡和炸薯条	1 200毫克
晚餐	
两片奶酪比萨	1 200毫克
巧克力奶昔	317毫克
小吃	
一小包炸薯片	300毫克
蓝莓松饼	255毫克
一罐碳酸饮料	35毫克

含钠总量 4 407毫克

做一个食盐侦探

有很多方法可以帮助你减少饮食中的含盐量,使你成为一个食盐侦探。在伸手去拿盐瓶之前,先品尝一下食物。阅读食品标签,并去找那些"低钠"食品或"不添加盐分"的食品。选择新鲜的或冷冻的蔬菜,代替那些罐装的。选用新鲜的鱼和肉,而不是经过加工的。你还应当意识到,在熏肉、腊肠和热狗的制作过程中,都加入了大量的盐。如果你在食品标签上看到了"汤汁"、"盐水"、"熏制"、"烟熏"、"盐腌"、"盐渍"等字眼,那就意味着在这种食物的制作和保存过程中都用到了盐。

察看方便食品和加工食品中的钠含量。

就像很多我们今天都在食用的食品添加剂一样,盐本身并无害,但食用过多的盐却是不健康的。因此,下一次当你去拿盐瓶的时候,不妨问问自己:"我真的需要在这上面加盐吗?"

结论可以是对文章的总结,或提出最后的思考,或对未来做出的某种预测。

三思而后行

穿着毛皮

标题揭示文章的主题。

远古时代，当人类懂得遮盖身体的时候，他们还不知道如何种植植物，也不懂得如何纺织，甚至没有可供裁剪、缝纫或定型的工具。你想知道那个时候他们穿的是什么吗？他们的衣服是用什么做的？看起来又会是怎样的呢？

导语吸引了读者的注意力。

照片、图片或示意图将与主题相关的人或物直观地展现在我们面前。

这张照片是一个博物馆中的陈列品，它展示了早期人类穿着毛皮的情景。

77

最初的毛皮

历史上曾有一段时期，衣服还没有出现。这个时期距今约200万年，称为石器时代。由于还没有掌握种植农作物的方法，石器时代的人类不得不为获取食物而到处迁移，依靠野生动物为他们提供食物和衣服。在寒冷地区，人们用兽皮遮体，并用荆棘，或是用一根皮革带子将兽皮系在腰间。

公元前2400年到公元前600年间，由于金属工具的发明，这一时期被称为青铜器时代。那时的人们可以把动物皮革剪裁成更加合体、紧身一些的衣服，保暖性更强。大约在这个时期，古人类的衣服看起来有点像现代人穿着的模样了。

毛皮成为身份和地位的象征

在中国、印度以及西欧的大多数国家，人们用毛皮来显示他们的身份和地位。不论是帽子、靴子还是衣领，都用毛皮作为装饰。古埃及人、古希腊人和古罗马人利用动物皮革制作皮质盾牌、靴子和盔甲。他们用毛皮作为这些物品的辅料、装饰和内衬。

在古埃及，国王和祭司出席宗教仪式时都要穿着狮皮和豹皮做的衣服。他们还将狮子或狼的尾巴悬挂在腰带上，并且相信这样做能使他们像这两种动物一样勇敢和凶猛。

虽然罗马人认为穿着毛皮不怎么体面，但他们还是用动物毛皮来装饰居室的墙壁。到了后来，随着罗马帝国的逐渐强大和向北扩张，罗马人也开始穿着毛皮衣物来抵御严寒。

> **小标题**将文章分成几个部分

> **主体段落**围绕各个小标题展开，为我们提供详细的信息。

青铜器时代用来缝合皮革和毛皮的针。

中世纪的毛皮

随着时间的推移，穿着毛皮渐渐成为富人的特权。在中世纪的欧洲，法律还规定了不同的社会阶层所能穿着的毛皮种类。

最华丽和最昂贵的毛皮只能属于皇宫贵族和富有的人。这些厚实、像丝绸般润滑的毛皮来自于一些很小的动物，例如白貂和紫貂。不太富有的人被允许穿着的毛皮要普通得多，例如狐狸皮、羔羊皮、兔皮、猫皮和麝鼠皮等等。贫穷的农民，则只能穿用羊皮或狼皮做成的斗篷。

15世纪，一位富有的妇女，穿着一件用毛皮镶边的外衣。

毛皮贸易

16世纪，海狸皮帽子成为欧洲的时尚，因此，对海狸皮的需求大幅度增加。多年的过度捕杀使得欧洲大陆上这种毛皮类小动物的数量日渐稀少。于是贸易商们来到北美洲寻找海狸皮。同期，欧洲商人和北美印第安人之间的毛皮贸易开始盛行起来。

随着毛皮贸易的不断发展，北美洲大陆开始出现了一些贸易站。印第安人携带大量的动物毛皮来到贸易站进行交易，包括狐狸皮、水貂皮、獾皮、狼皮、猞猁皮、浣熊皮、海狸皮、野牛皮、水獭皮和海豹皮，其中海狸皮是其中最受欢迎的品种。终于，大规模的捕杀将某些物种推向了灭绝的边缘。对于海狸来说，情况更为严重。北美部族之间甚至还爆发了几场战争，为的就是争夺对海狸栖息地的控制权。印第安人的生活也因为这些战争而改变了。

毛皮的流行趋势

随着时间的流逝，时尚潮流也在不断变化。到18世纪中叶，海狸皮帽子已经退出了时尚的舞台，让位于丝绸帽子。这样，对毛皮的需求自然就减少了。为了保持行业的活力，欧洲毛皮产业不得不寻找新的出路。不久，新的流行元素引入人们的生活。到18世纪末期，妇女的外衣上都用毛皮作为装饰和点缀，并且带有宽阔的毛皮镶边。毛皮还被用来制作斗篷等外套的衬里和边饰，毛皮的销路又好转起来。

第一批裘皮大衣

直到19世纪中叶，第一批裘皮大衣才被生产出来。几十年间，毛皮只被用作帽子和装饰材料。经历了这样一段时期之后，它再一次被人们用于制作整件服装。

古时候，人类穿着动物毛皮时是将有毛的一面穿在里边，因为那时候的毛皮是用来保暖，而不是赶时髦。19世纪的服饰是将皮毛露在外面，并用丝绸或缎子做内衬和镶边。这是一种崭新的视觉效果，而且很快掀起了一轮新的流行狂潮。

单凭设陷阱和猎杀已经不能满足人们对毛皮持续高涨的需求。于是，商人们开始建立养殖场。在那里，毛皮类动物被圈养起来，而后人们便可获取它们的毛皮了。既然毛皮更容易获得，那么它们的价钱也就变得比较便宜。新的染色技术的出现使得毛皮的颜色变得多种多样，而且使原先品质较低的毛皮，如兔毛看起来也显得更华贵。穿着毛皮不仅仅是富人的专利，越来越多的人也能够买得起毛皮大衣了。

18世纪，一位时尚的法国妇女，身穿一件装饰着毛皮的外衣。

代价有多大

然而，毛皮养殖场的建立并没有终止人们对动物的诱捕和猎杀。世界性的毛皮贸易渐渐对南美栗鼠、银狐、阿拉斯加海豹、猞猁、雪豹以及海獭等一些动物的生存造成极大威胁。到19世纪晚期，海貂已经灭绝，雪豹的种群数量也在急剧下降。

对捕杀动物获取毛皮的抗议导致了人造毛皮，或称为仿制毛皮的发展。仿制毛皮的出现给人们更多的选择。人们可以享受穿着"毛皮"的舒适和愉悦感觉，而不必猎杀濒危的毛皮动物。

自从20世纪80年代后期以来，针对使用毛皮的抗议活动越来越频繁，各地还建立了很多动物权力保护组织，人们开始更加关心动物。目前，世界各国都已经制定了旨在限制毛皮交易的法律。英国和澳大利亚等一些国家还禁止毛皮养殖场的开办。

濒于灭绝的雪豹

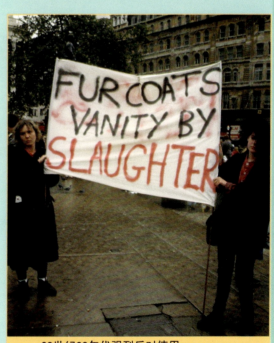

20世纪80年代强烈反对使用动物毛皮的人们。

另有选择

今天,毛皮产业依然存在,人们还在进行毛皮交易,某些国家拥有出售毛皮的大拍卖行。世界各地的买主都会聚集到拍卖会上来竞拍这些毛皮。随后,人们将对毛皮进行清理、染色,最后制成毛皮服饰。你可以在很多不同的地方找到这种商品,包括毛皮专卖店、百货公司以及专卖流行服饰的小商店。类似裘皮大衣这样的服装非常昂贵,但也有较为便宜的、带有毛皮装饰物的商品可供选择。

今天,并不是每一个人都希望购买动物毛皮制成的衣物。有些人负担不起,而另一些人则认为穿着它们感觉很不自在。现在,人造毛皮给这些人提供了一个选择的机会,这种材料看起来与真正的毛皮十分相似,而且价钱适宜。正如你所看到的,皮毛作为一种服饰材料,已经历了漫长而曲折的发展史。

> **结论**可以是对文章的总结,或者提出最后的思考,或者对未来做出某种预测。

如今有很多人穿戴人造毛皮制品。

应用关键概念

关键概念 1 古代探险带来了商品贸易和文化交流。

活 动

画一张非洲大陆的简略图，并在上面标出食盐贸易路线上的重要地点。然后将这些点连成线条。最后，在每一个地点的旁边写下在那里曾经进行过的商品贸易或文化交流。

关键概念 2 探险者探索新的大陆，寻找新的贸易机会和财富。

活 动

设想一下你将见到塞缪尔·尚普兰，想几个你会向他提出的关于他在陆地和海上旅行的问题，并写下来。

向塞缪尔·尚普兰
提问题

1. 你在海上遭遇过风暴吗？
2.

关键概念 3 当文化交融时，人们的生活方式也会发生变化。

活 动

由于与欧洲人进行毛皮贸易，美国土著人的生活方式产生了很大的变化，请列出其中的3种。

人们的生活是如何改变的？

1.
2.
3.

动手写专题文章

专题文章是一种常见于杂志和报纸中,向读者传递一些有趣内容的文章。

1.学习范文

回顾一下第58页上对专题文章的描述,然后再阅读一遍从第59~82页的文章。找出那些使文章变得有趣味的例子。导语是怎样吸引我们的注意力的?小标题是怎样将主题变得更明确的?在文章中,作者加进了哪些有趣的内容?再看一看那些照片,它们又是怎样使主题变得妙趣横生的?

如何创作专题文章
- 使用一个让人能清楚辨别主题的标题。
- 写出能使读者感兴趣、吸引他们继续阅读的导语。
- 添加有趣的信息。
- 利用小标题将事件组织起来。
- 结论要将每一段的观点综合在一起。

2.选择主题

现在,选择一个你希望深入了解的问题。然后设想一下你的文章会拥有什么类型的潜在读者。他们是历史爱好者,还是一些商人?一旦选定了主题和读者类型,你就可以开始写作了。

3. 研究主题

将你在文章的写作过程中需要回答的问题列出一个表来。需要牢记：你必须专注于与主题有关的趣事，思考一下读者想要了解什么东西，然后到图书馆或因特网上去搜集所需的素材。

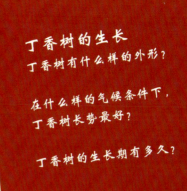

丁香树的生长

丁香树有什么样的外形？

在什么样的气候条件下，丁香树长势最好？

丁香树的生长期有多久？

4. 做笔记

将找到的素材记录下来，再看看可以用什么方式把这些材料组织在一起。方法之一就是，列出你想好的小标题，然后把你找到的材料逐条放置在合适的小标题下。

5. 打草稿

浏览一遍你的素材表以及小标题，它们是否展示了你的写作主题的某个丰富多彩的侧面？如果答案是肯定的，那么就开始打草稿吧。以一段引人入胜的导语为开端。如果有必要，可以重读第58页，来帮助你回想创作专题文章的其他要点。

6. 修改和编辑

重新阅读草稿。它是否已经囊括了专题文章的所有要素？文章的组织结构是否合理？

展示你的专题文章

现在是分享工作成果的时候了。和大家一起，按照下面的步骤，制作一本班级杂志。

怎样制作一本杂志

1. 检查一下每篇文章是否都有标题

　　标题应该能够体现主题的含义。

2. 每篇文章都应包含照片或图片

　　利用你找到的照片，或者用手绘图片作为文章的插图。

3. 为图片加上说明

　　记住，这些说明要能够概括图片的内容。

4. 决定文章的先后顺序并编号

　　给每一页编上页码。

5. 编写目录

　　找几本杂志分析研究一下里面的目录，然后为你自己的杂志编写目录。

6. 制作封面

　　与小组成员们一起讨论封面设计方案，选择一些可以体现杂志内容的图片，然后着手制作。

7. 装订

　　你可以使用订书钉将书页订在一起。也可以先在书页左侧打孔，然后再用线将书页装订在一起。

索引

阿拉伯　20～24，26

蚕　6

达·伽马　26

佛教　11

皇帝　16

骆驼商队　9，36

马可·波罗　13～14

毛皮　41～46，48～52

撒哈拉　31，33～34，36，38

数字体系　23

丝绸　4～12，14～16

香料之路　19，23

星盘　23

国家地理 阅读与写作训练丛书	国家地理 英语阅读与写作训练丛书
全球传播	Communication Around the World
文化与庆典	Cultures and Celebrations
美国移民	Immigration to the United States
发明改变生活	Inventions Bring Change
商品供给	Providing Goods
跨越时间和文化的贸易	Trade Across Time and Cultures
利用地球资源	Using Earth's Resources
动物栖息地	Animals in Their Habitats
细胞在工作	Cells at Work
能量	Energy
极端的天气	Extreme Weather
生命周期	Life Cycles
地表形态的塑造	Shaping Earth's Surface
简单机械	Using Simple Machines

《国家地理阅读与写作训练丛书》（中文翻译版）（14种）
同时推出
英语注释版《国家地理英语阅读与写作训练丛书》（14种）
欢迎高中生及同等英语水平读者使用